Parlez orientation
avec vos ados

Gilles Charpenel

Parlez orientation
avec vos ados

(sans les saouler avec le choix d'un métier !)

© 2024 Gilles Charpenel
Édition : BoD · Books on Demand GmbH,
In de Tarpen 42, 22848 Norderstedt (Allemagne)
Impression : Libri Plureos GmbH, Friedensallee 273,
22763 Hamburg (Allemagne)
ISBN : 978-2-3224-9634-1
Dépôt légal : Novembre 2024

SOMMAIRE

La seconde partie a été rédigée en s'adressant directement à un(e) adolescent(e) pour faciliter le partage des concepts et outils proposés. Elle est évidemment proposée aux parents, dans une perspective de prescription ou de conversation documentée avec leur ado.

AVANT-PROPOS

Ce petit guide vise à faciliter le dialogue entre les lycéen(ne)s et leurs parents sur le sujet délicat de l'orientation des études post-bac. Il traite à la fois de ce qui peut (ou ne doit pas) être dit à nos ados et de la façon de dialoguer.

Les constats, concepts et outils proposés résultent de mes vécus professionnels et personnels - activités de conseil, de management, d'enseignement supérieur, de formation en entreprise, responsabilités associatives et familiales, échanges amicaux - qui m'ont permis de prendre la mesure du manque de repères et de méthode en cette matière.

J'ai naturellement croisé ces expériences avec mes réflexions et propositions portant sur les ressorts de motivations qui favorisent l'engagement durable et la réussite.*

* Le plaisir, nouvel enjeu du management (Gilles Charpenel - Éditions Maxima - 2015)

Être parent et adulte !

Le dialogue entre ados et parents est complexe. A un moment de leur vie où nos enfants s'affranchissent de l'autorité et de la parole parentales pour s'affirmer comme de jeunes adultes, parler orientation constitue un exercice très délicat.

Les lycéen(ne)s sont mis en tension par l'injonction de décider de ce que doit être le reste de leur vie alors qu'ils (elles) :

- ignorent quasiment tout du monde du travail, des métiers d'aujourd'hui et de demain, des choses de l'argent ;
- cernent difficilement ce qui pourrait leur plaire dans leur future activité professionnelle.

Pourtant, malgré cette méconnaissance, le choix d'orientation doit leur appartenir. Échanger avec nos ados implique donc de nous intéresser à leur cheminement sans les laisser penser que l'on veut les influencer !

Or, nous, parents, sommes soumis à nos propres tensions entre :

- notre devoir de faciliter leur passage à l'âge adulte en les responsabilisant ;
- notre envie de les aider à réussir, ou de leur éviter les désillusions, et donc notre propension à les protéger de ce que nous considérons comme de potentielles erreurs.

La voie est étroite et la conduite à adopter n'est pas évidente !

Quel est notre rôle ?

Pour caractériser le dialogue à établir avec nos (grands) enfants, le plus simple est probablement de commencer par lister les rôles qu'il faut éviter d'endosser.

Naturellement, nous pouvons adopter la posture du (de la) **conseiller(ère) d'orientation**. Faire part de notre analyse de la situation et de nos propositions, juste pour aider… Si cela semble une bonne idée, mieux vaut l'oublier !

Nous ne possédons pas, pour être pertinents dans nos recommandations, l'indispensable connaissance actualisée de l'enseignement supérieur, des métiers, ni la vision de la multitude des opportunités qui s'offrent à une jeune personne pour réussir sa vie (et pas seulement sa carrière).

Prodiguer des conseils en cette matière, c'est aussi probablement voir nos informations et nos arguments reçus comme l'expression de nos souhaits ou de nos craintes. Conséquence : notre ado rejettera notre aide, en enfant rebelle, ou bien se pliera à nos volontés, en enfant soumis(e). Dans l'une ou l'autre des hypothèses, il (elle) aura le sentiment que nos recommandations oublient ses propres aspirations.

Nous pouvons, plus radicalement, enfiler le costume du **chef** - qui sait et dit ce qu'il est bon de faire - en nous appuyant sur les attributs dont nous pensons disposer : autorité parentale (jusqu'à la majorité), supposée autorité intellectuelle ou morale, prérogatives de financeur de la vie étudiante de nos rejetons. Ce positionnement conduit, de façon encore plus certaine, à la révolte ou à la soumission. Nous oublions, par cet autoritarisme, notre devoir d'autonomiser nos ados, de les rendre maîtres et responsables de leur destin. Nous plaçons le choix d'orientation (et peut-être ensuite les études elles-mêmes) dans un rapport de force et, potentiellement, de tensions et de frustrations ; tout le contraire de la sérénité dont a besoin un(e) étudiant(e) pour réussir et s'accomplir.

Être **sponsors** ? L'idée est plaisante, moderne, sportive ! Nous pouvons avoir le mauvais penchant de faire des succès de nos enfants les vecteurs de notre propre image. Le soutien économique que nous apportons à nos ados ne peut en aucun cas être associé à un retour sur investissement espéré en termes de valorisation narcissique. Ils n'ont pas à nous représenter, à incarner nos valeurs, comme un navigateur solitaire et son voilier le font pour une banque ou un industriel de la charcuterie. Un affichage trop visible de notre "parrainage" met une pression inutile sur notre protégé(e), qui doit plutôt être convaincu(e) qu'il (elle) travaille pour lui-même (elle-même) et personne d'autre. C'est d'autant moins pertinent que la plupart des ados rêvent d'épater ou tout simplement de faire plaisir à leur parents en réussissant leurs études, y compris ceux qui s'y prennent mal ou oublient vite ce rêve.

Évidemment, nous devons aussi bannir les comportements de **clients,** attendant la livraison du diplôme commandé et rappelant trop souvent, subtilement ou non, que nous sommes les payeurs.

Alors, puisqu'il est difficile de plaquer un modèle connu sur notre situation, quel genre de parents pouvons-nous être ?

Avant tout, nous devons assumer pleinement le caractère unique de ce qui nous lie à nos enfants. La responsabilité que nous avons prise en leur donnant la vie (ou en les reconnaissant comme nos enfants) induit à la fois le devoir de les accompagner le mieux possible, sans les déresponsabiliser, et l'implication affective incomparable qui sous-tend notre relation et en fait à la fois la force et le talon d'Achille.

La question de l'argent.

Essayons d'abord de nous mettre à laise avec la question du financement de leur vie étudiante, car elle peut nous nous balloter et nous égarer entre générosité, solidarité, faiblesse coupable, exigences inappropriées, chantage, etc.

Nous avons la charge d'accompagner nos enfants jusqu'à ce qu'ils soient adultes et donc capables de subvenir à leurs besoins. Ce chemin peut être plus ou moins long selon qu'ils (elles) veulent entrer très tôt dans le monde du travail, entreprendre des études courtes ou longues, selon qu'ils (elles) effectuent un parcours rectiligne ou sinueux, etc.

Notre contribution est un devoir, dans la mesure de nos moyens, bien sûr. Nous ne pouvons l'inscrire dans un échange, exiger une contrepartie pour nous. Il est essentiel qu'aucune ambiguïté n'existe sur ce point : nos ados ne doivent pas penser qu'ils sont tenus de faire des efforts pour nous, parce que nous finançons leurs études et leur quotidien, parce que nous faisons en sorte qu'ils (elles) vivent une belle jeunesse.

Cependant, en tant qu'éducateurs et éducatrices de nos enfants, nous devons aussi veiller à ce qu'ils (elles) aient conscience des moyens mis à leur disposition et ne les gaspillent pas. Nous devons les amener à assumer leur propre devoir : saisir sans faillir l'opportunité qu'ils (elles) ont d'étudier, de grandir, de tirer le meilleur parti de leur potentiel... Dans leur intérêt, pas pour nous. Nous faisons en sorte que les conditions matérielles soient réunies pour qu'ils (elles) mènent à bien leurs études ; à eux (elles) d'assumer pleinement la conduite de **leur** projet en y consacrant l'énergie, la méthode et la constance nécessaires.

Si cet investissement de leur part est au rendez-vous, les probabilités sont très grandes que leur parcours soit une réussite, même s'il connaît des contretemps ou diffère de ce qui était initialement envisagé.

En revanche, si notre ado ne travaille pas assez, s' il (elle) gaspille les moyens mis à sa disposition, s'il (elle) ne porte pas son propre projet, il est important de l'alerter sur le cours que prend sa vie. Un examen factuel de la situation, des carences, des erreurs déjà commises, doit être mis à profit :

- pour qu'il (elle) reconsidère sa façon de faire et reprenne une trajectoire convenable ;
- ou change de projet et avance avec détermination dans une nouvelle direction (études plus adaptées ou vie active).

La communication.

Notre affection, notre intérêt pour la situation de nos enfants, notre bienveillance, notre besoin de lever des interrogations quant à leur avenir, tendent à se concrétiser par un engagement personnel dans les réflexions et les décisions. Cette implication peut traduire notre rapport difficile aux incertitudes, se nourrir du souvenir de nos propres erreurs et échecs, véhiculer notre crainte de ne pas voir reproduite notre réussite, etc.

Les conversations familiales, quel que soit le projet mis en débat, risquent fortement d'être imprégnées de nos convictions ou de représentations approximatives (connaissances incomplètes et obsolètes des contextes, vision très personnelle des enjeux, etc.). Formulations maladroites, abus de pouvoir inconscients, écoute mutuelle insuffisante, les interactions mal maîtrisées renforcent la difficulté du choix pour des jeunes gens en phase de construction et d'affirmation de leur personnalité. Elles polarisent les positions, créent des crispations, des blocages.

Pour éviter les incompréhensions tenant au contenu des échanges aussi bien qu'à leur ton, il est essentiel de fonder la relation avec nos ados sur un dialogue Adulte-Adulte, plutôt que Parent-Enfant (terminologie de l'analyse transactionnelle). Il s'agit de contenir notre propension assez naturelle à mettre en avant les convictions que nous nous sommes forgées, de faire référence à nos expériences, à imposer nos normes, à répéter nos questions, nos conseils, nos suggestions ou nos exigences. Avoir mis au monde la jeune personne avec laquelle nous dialoguons, être certain de bien la connaître, avoir un vécu bien plus épais qu'elle, tout cela ne doit pas nous conduire à échanger avec moins d'attention, d'écoute, de mesure dans l'expression, qu'on le fait avec un(e) ami, un collègue, avec son manager ou son adjoint !

Une relation Adulte-Adulte implique de regarder ensemble des éléments factuels dans le respect mutuel des points de vue, en examinant une réalité sous des angles et des éclairages qui peuvent être différents, en privilégiant l'écoute et en réduisant autant que possible les a priori.

Un exposé tranquille des perceptions respectives d'une problématique permet d'éviter les pièges des certitudes assénées comme La Vérité, de s'épargner les procès d'intention réciproques faits à un interlocuteur "que l'on connaît par cœur", ou les dégâts du jugement porté sur l'autre.

Cet examen, conduit ensemble, n'implique pas obligatoirement de conclusion, de prises de positions, de constat de consensus ou de désaccord. Il est préférable que chacun puisse calmement, seul, laisser mûrir sa réflexion, reconsidérer son propre point de vue ou mieux comprendre la vision de l'autre pour s'en enrichir.

Si nos convictions, notre ton, nos arguments, peuvent laisser penser à nos ados que nous voulons leur imposer nos normes, que nous cherchons à les dessaisir de leur libre-arbitre pour les sauver, nous les conduirons à s'opposer ou à se fermer. A l'adolescence, il ne faut pas grand-chose pour qu'ils (elles) le fassent !

La question de l'orientation est bien trop importante et délicate pour être entraînée dans les travers d'un rapport Parent-Enfant toxique. Le dialogue avec notre fille ou notre fils est bénéfique s'il permet, à son initiative, le partage d'une envie, d'une inquiétude, d'une ambition, d'un doute, pour avancer doucement vers la décision. Il ne doit pas accroître la difficulté de ses choix de vie.

Bien sûr, ces échanges sont plus sereins et constructifs s'ils ne donnent pas lieu à une convocation parentale, si leur nécessité, leur utilité sont perçues de part et d'autre, s'ils ont lieu bien avant d'être un mal nécessaire parce qu'une décision devient urgente.

donner envie, faire comprendre les excellentes raisons, de s'engager sans la moindre réticence dans les études supérieures, quelles qu'elles soient.

Plutôt que de raisonner comme une agence pour l'emploi, nous devrions éveiller chez nos ados la conscience qu'ils (elles) ont une opportunité unique de développer leur potentiel, leur capacité d'apprendre, leur aptitude à penser et agir dans la complexité et face à la nouveauté... En plus de la possibilité de vivre collectivement un moment privilégié, avec une liberté et une insouciance qu'envient leurs aînés.

Nous les préparerions ainsi à un avenir professionnel satisfaisant, peut-être celui prévu, rectiligne, mais plus probablement à un parcours varié, émaillé de remises en cause, à une trajectoire aujourd'hui impossible à imaginer.

Comment faire, concrètement, puisque cette logique d'orientation professionnelle précoce domine ? Le sujet du métier ne peut être totalement ignoré, notamment parce que dans bon nombre de professions - psychologue, avocat(e), pharmacien(ne), expert-comptable, par exemple - on ne peut travailler que si l'on a suivi une formation spécifique, agréée, sanctionnée par un diplôme, un titre indispensable pour exercer. Pour être pédiatre, il est difficile d'emprunter un autre parcours que les études de médecine, dont la durée suppose qu'on s'y attaque dès le bac en poche et donc qu'on affirme dès le lycée cette vocation !

Cependant, nous pouvons simplement éviter de demander à nos ados qu'ils (elles) se prononcent sur un projet professionnel. Nous ne nous désintéressons nullement de leur devenir, si nous **centrons le dialogue sur le choix des études et l'opportunité**

qu'elles représentent. S'il faut interroger leurs envies, faisons-le avec bienveillance et sans impatience en demandant simplement *"Qu'est-ce que tu aimerais étudier ?"*, question qui montre l'importance que nous accordons à leurs motivations (et suggère au passage notre conviction qu'étudier est plaisant).

Cette approche de l'orientation permet, selon les cas :

- de les laisser faire part **spontanément** du choix d'un métier futur, s'ils ont déjà une vocation, à accueillir à la fois positivement et prudemment ;
- d'**obtenir l'expression d'une envie, d'une attirance pour un domaine d'études, et pouvoir ainsi valider et conforter l'orientation,** avant d'identifier les formations les plus pertinentes au regard du profil de l'apprenant ;
- de **faire s'exprimer des hésitations, des inquiétudes, des doutes, des besoins d'information,** sur lesquels travailler pour avancer sereinement vers un choix d'orientation ;
- d'examiner sérieusement un projet alternatif, installé dans l'esprit de l'adolescent(e) qui semble réticent(e) à poursuivre des études supérieures ;
- de mettre en lumière un éventuel rejet des études.

EN QUELQUES MOTS

- *Pas d'urgence pour votre ado de décider de son futur métier.*
- *Mieux vaut se concentrer sur le choix d'études qu'il (elle) aura plaisir à mener à leur terme.*

ERREUR N°2 : *se satisfaire de l'annonce d'une vocation professionnelle.*

Si notre fils ou notre fille exprime l'envie d'un métier ou d'un cursus d'études, il ou elle doit être écouté(e) avec empathie. Marquons notre intérêt pour le choix formulé, mais gardons-nous de réagir immédiatement :

- une déception perceptible, causée par une vocation non conforme à nos désirs, engendrerait incompréhensions et tensions ;
- un soulagement apparent révélerait le peu de confiance que nous accordions jusque-là à notre enfant.

Quoi qu'on pense du projet et des motifs exposés, mieux vaut s'abstenir de donner aussitôt un ressenti.

Pourtant le dialogue sur ce sujet doit vivre. Pour l'installer sur une base saine, il est essentiel de montrer qu'on respecte la dynamique de l'adolescent(e), que l'on entend sa volonté, sans a priori. N'allons pas plus loin qu'une relance ouverte et positive - "Ces études-là t'intéressent ? Ce métier te plairait ? " - et privilégions l'écoute. Les échanges initiaux doivent permettre à notre ado d'analyser tranquillement ses élans et ses raisons. **Évitons l'interrogatoire, l'expression de réticences, l'argumentation ou la contre-argumentation, qui conduisent les interlocuteurs à se justifier et figent des positions antagonistes.** C'est à l'intéressé(e) de vérifier si son projet est bien approprié, c'est-à-dire réellement sien(ne), s'il correspond à ses motivations personnelles.

Pourquoi faire preuve de prudence, alors que l'affirmation d'une vocation nous soulage ? Pourquoi freiner quand on peut enfin s'enquérir du cursus qui correspondrait au projet de notre ado ? Parce que cette annonce pourrait être influencée par l'environnement et par l'urgence de se déterminer. Or, **l'authenticité, la sincérité du choix est un facteur essentiel de succès.** Elle est à valider prioritairement, y compris lorsqu'une décision d'orientation est prise sans difficulté apparente.

Qui est en contact avec des adolescent(e)s peut constater que la mise en avant médiatique de métiers - dans l'actualité, dans les fictions ou la téléréalité - engendre des vagues de vocations (selon les époques : le service social, la police scientifique, la cuisine gastronomique, la médecine d'urgence, etc.).

Cependant, **si les phénomènes de mode peuvent illusionner nos ados, leurs dommages sont nettement moindres que ceux qu'est susceptible d'occasionner l'influence familiale.**

Un(e) ado peut s'interdire d'explorer d'autres pistes que celles assignées par l'histoire familiale ou par les prescriptions parentales, explicites ou non.

Cela peut être :

-   par docilité ou conformisme, pour plaire à ses parents, pour occuper ce qu'il (elle) pense être sa place dans sa famille ;
-   par facilité, en choisissant le connu, en se ménageant la possibilité de bénéficier d'aides si nécessaire.

Même si nous, parents, ne désignons pas les cursus et les métiers qui ont nos préférences, nos avis sur les pistes possibles, nos jugements portés sur les autres, nos considérations générales quant à ce qu'est "une bonne situation", construisent un cadre que peu d'ados sont prêts à casser pour concrétiser leur rêve.

C'est pourquoi il n'est pas rare de voir des jeunes gens souffrir dangereusement de mauvais résultats obtenus dans des études correspondant aux attentes familiales. D'autres abandonnent, parfois après plusieurs années paraissant probantes, de solides formations enviées par beaucoup. En empruntant une voie valorisée par le milieu familial, ils mettent un couvercle sur leurs appétences, leurs vraies envies sagement enfouies. Quand celles-ci refont surface, la remise en cause est douloureuse. S'installe évidemment le sentiment d'avoir perdu son temps. Le changement de cap opéré peut fortement perturber l'intéressé(e) et altérer le climat familial.

L'énoncé de ces points de vigilance quant aux vocations annoncées peut sembler relever du luxe de précaution. Il vise avant tout à mettre en évidence **l'importance à accorder aux réelles motivations de jeunes gens** soumis à l'obligation de choisir de façon précoce la direction à prendre, dans un brouillard à l'épaisseur très sous-estimée (voir, sur ce sujet, les 2 schémas figurant en fin d'ouvrage, p 94 et 95).

EN QUELQUES MOTS

- *Choisir un cursus d'études, un futur métier, appartient à l'intéressé(e).*
- *La décision doit résulter d'une vraie envie, strictement personnelle.*

ERREUR N°3 : *blâmer l'absence de projet et d'envie.*

"Je ne sais pas quoi faire". Cet aveu peut décevoir et même plonger dans l'inquiétude nombre de parents. Pourtant, que des ados aient du mal à se prononcer sur le désir d'exercer plus tard un métier dont ils peinent à connaître la réalité n'a vraiment rien d'étonnant. De même, ils peuvent hésiter à s'engager dans un cursus de formation alors qu'ils s'interrogent quant à l'intérêt des enseignements programmés, qu'ils doutent de leur capacité d'obtenir les résultats attendus, qu'ils manquent de visibilité sur les débouchés des diplômes, etc.

Pour la plupart, les raisons du non-choix sont compréhensibles et n'ont rien de grave, sauf peut-être dans notre esprit de parents ne supportant pas l'incertitude ou redoutant que l'avenir de notre progéniture puisse être différent de ce qui nous semble convenable.

Existent tout de même quelques cas épineux, problèmes ne pouvant être résolus que par une prise de conscience des parties prenantes et un dialogue approfondi. Une jeune fille ou un jeune garçon peut par exemple ne pas oser formuler l'envie réelle d'un avenir professionnel parce que ses parents ont clairement limité le champ des possibles, ont banni des types de carrières jugées insuffisamment nobles ou exagérément risquées. Dans ce cas, plutôt qu'une absence de motivation, c'est l'inhibition d'une envie, pourtant existante, qui crée une situation malsaine, pouvant malheureusement durer tant que le non-dit règne.

Peut également s'exprimer un refus de se projeter par rejet du monde du travail. Cela résulte parfois de ce que les parents laissent voir de ses aspects les plus désagréables. Cela peut aussi traduire une incapacité d'intégrer les enjeux et obligations de la vie d'adulte, un état dépressif non diagnostiqué, etc. La difficulté d'orientation est dans ces cas (heureusement minoritaires) le symptôme de problèmes plus larges, à regarder de près, avec l'aide d'un(e) professionnel(le) quand l'équilibre psychologique est en jeu.

Restent, en plus grand nombre, les jeunes gens indécis qui n'ont pas encore réuni assez d'éléments pour prendre une direction précise. Certains peuvent mal le vivre... Et leurs parents également. D'autres veulent simplement reporter autant que possible le moment de décider de l'activité professionnelle qui, dans le futur, occupera, le plus clair de leur temps.

Cette indécision, compréhensible, implique de mettre en place tranquillement un plan de développement, permettant de progresser jusqu'à l'entrée dans la vie active.

L'objectif est bien sûr d'acquérir des connaissances et un vécu tout en se ménageant, le moment venu, un choix de carrière répondant aux attentes et ambitions qui auront émergé. Il faut pour cela que l'ado concerné(e) :

- soit conscient(e) de l'intérêt de centrer sa vie, pendant quelques années, sur l'acquisition de connaissances ;
- qu'il (elle) accepte le cadre contraignant de l'enseignement supérieur.

Le goût pour l'étude et pour la vie d'étudiant(e) est alors suffisant pour se construire progressivement un avenir, même en l'absence d'un objectif précis en termes de métier-cible.

L'adhésion à l'idée d'étudier constitue le principal levier de motivation de nos ados (bien plus fiable qu'une vocation professionnelle précoce).

Évidemment, le parcours formateur devra être suffisamment attrayant, adapté au profil de l'étudiant(e), pour maintenir dans la durée le plaisir d'apprendre.

EN QUELQUES MOTS

- *Ne surtout pas stigmatiser l'indécision.*
- *Les études permettent de mûrir, de mieux se connaître, de découvrir ce que l'on aime comme ce que l'on ne veut pas vivre.*

ERREUR N°4 : *considérer les études supérieures comme une obligation.*

Persuadés qu'il est préférable de faire des études supérieures plutôt que d'entrer très jeune dans la vie active, nous oublions que cette évidence mérite d'être explicitée. Que faisons-nous, parents, enseignants, conseillers d'éducation, pour que nos enfants n'aient pas l'ombre d'un doute quant à l'intérêt qu'ils ont à continuer, après leur baccalauréat, à étudier, à rendre des devoirs, à passer des examens ou des concours ?

Malheureusement, nous sautons cette étape essentielle pour trouver rapidement le cursus qui est censé convenir à notre ado, pour faire correspondre les résultats qu'il (elle) a obtenus jusque-là aux critères d'admission dans tel ou tel établissement.

Pourtant, **il est essentiel d'ancrer en lui (elle) la certitude que les études supérieures, quelles qu'elles soient, sont à la fois un moment privilégié de sa vie et la voie à suivre pour construire un avenir qui le (la) satisfera.** Cette conviction le (la) maintiendra dans son projet quand des aléas, des états d'âme, des découragements, petits ou grands, l'affecteront.

Les arguments généralement mobilisés et les mises en garde sans détour - *"Qu'est ce que tu peux faire sans diplôme ? Chômeur ?"* ; *"Tu veux bien gagner ta vie ? Commence par faire des études !"* - ne sont pas déconnectés de la réalité mais peuvent facilement être rejetés. Un lycéen faiblement motivé, une étudiante découragée, se convaincront de l'inutilité de poursuivre leurs études en affirmant, sans avoir tout à fait tort, que *"les bac+5 chômeurs, on en connaît plus d'un !"*, ou qu' *"il n'y a pas de sot métier !"*.

Comment faire valoir les bénéfices décisifs qu'apportent les études supérieures ?

Tout d'abord, en partageant sereinement une analyse de leurs effets sur la personnalité et les capacités d'un garçon ou une fille, quel que soit le domaine étudié.

Les neurosciences ont largement démontré que les jeunes apprennent avec plus de facilité parce que c'est avant 25 ans que se construisent dans leur cerveau les réseaux neuronaux souples, qui permettent d'appréhender la nouveauté, d'enregistrer, de comprendre, d'utiliser ses connaissances. Par la suite, ces réseaux se "solidifient" et notre cerveau est moins agile, moins apte à s'adapter, à apprendre.... Même si l'on peut apprendre toute sa vie.

C'est donc à l'âge où généralement on fait des études supérieures que l'on a le plus de chance de développer son potentiel en construisant le socle de savoirs le plus large possible. C'est sur ces fondations que l'on s'appuie ensuite pour tirer le meilleur parti de ses capacités, pour vivre le mieux possible sa vie professionnelle et personnelle.

- Plus longtemps nous étudions, plus nous avons, par la suite, de facilités pour apprendre.
- Plus nous nous confrontons à des sujets durs à comprendre, à des problèmes difficiles à résoudre, plus nous développons notre aptitude à analyser la complexité et à apporter des réponses pertinentes aux questions qui se posent à nous.

- Plus nous sommes mis en situation d'être évalués - par des devoirs, des examens, des concours - moins nous serons déstabilisés face aux défis de la vie professionnelle (et de la vie tout court).
- Plus nous sommes amenés à argumenter, à développer un raisonnement, à démontrer, à étayer notre point de vue - notamment lors d'échanges avec nos pairs, lors d'examens, d'exposés - plus nous serons apte à faire avancer un projet, à défendre une position dans le monde du travail ou dans notre vie personnelle.

Ce sont ces aptitudes que recherchent les employeurs car elles accroissent l'efficacité et permettent de s'adapter à un environnement dans lequel tout change de plus en plus vite et il faut apprendre en permanence... Et, fort logiquement, les recruteurs sont convaincus que cinq années d'études supérieures - passées à acquérir et mobiliser davantage de connaissances, à traiter des problèmes de plus en plus complexes, à exercer son sens critique - développent le potentiel davantage que deux seulement (même si c'est déjà cela !).

Bien sûr, nos ados n'étudient pas pour, un jour, pouvoir faire plaisir aux employeurs ! Mais plus ils accroissent leur potentiel, plus ils augmentent ce que l'on appelle leur employabilité.

Avoir fait des études rend leur profil plus intéressant et élargit le champ des emplois qui s'offrent à eux. On touche là à un point essentiel à partager absolument pour ancrer dans les esprits la conviction que les études supérieures n'ont pas uniquement pour utilité de faciliter l'acquisition d'un statut social et d'un confort matériel enviables.

Les enseignants, les recruteurs, le constatent : les jeunes gens peuvent être animés par deux grands groupes de valeurs :

- d'une part, les valeurs liées à la réussite sociale et à l'argent ;
- d'autre part, et de plus en plus, **la volonté de trouver du plaisir dans le travail, d'en comprendre et d'en apprécier le sens, l'utilité sociale** (et si cela n'est pas possible, ils cherchent à réduire autant que possible la place du travail dans leur vie).

Certain(e)s jeunes choisissent (ou acceptent) rapidement de privilégier dans leur carrière l'un de ces deux grands groupes de valeurs au détriment de l'autre, prenant le risque d'une douloureuse remise en cause quand leurs priorités changent.

De plus, nombre de lycéen(e)s essaient de composer avec leurs propres motivations, avec les objectifs et valeurs portées par leurs parents, avec les influences de leur environnement proche. Nos ados entendent qu'une formation supérieure peut être le moyen d'accéder à un métier rémunérateur et statutaire (on n'a pas manqué de leur expliquer que, sans diplôme, on n'est pas grand chose et on gagne une misère !). Le travail leur étant décrit presque exclusivement comme une nécessité, pour sécuriser leurs conditions d'existence et très rarement présenté comme un cadre d'accomplissement, ils (elles) peuvent douter de la possibilité de s'épanouir dans le cadre de leur activité professionnelle.

C'est pourquoi **il est essentiel de partager avec eux l'idée que, beaucoup plus que d'être la voie d'accès à un métier rémunérateur et statutaire, les études sont le moyen d'être maîtres de leur destin.**

Ce partage peut-être fait :

1. en commençant par concéder que si l'on ne fait pas d'études supérieures, on peut réussir à gagner sa vie correctement (certains ont même fait fortune sans le moindre diplôme) ;
2. En précisant cependant que cela implique d'accepter des tâches peu agréables, des conditions de travail difficiles, au moins durant les années nécessaires pour arriver à exceller dans un métier, pour évoluer dans une organisation ou pour développer sa propre entreprise ;
3. en expliquant par ailleurs que **faire des études supérieures, c'est :**
   - ○ **intéresser davantage d'employeurs et pouvoir s'adapter à plus d'entreprises, donc pouvoir choisir un travail que l'on aime, qui a du sens ;**
   - ○ **gagner la liberté de quitter un emploi, le jour où le plaisir de travailler n'est plus là.**

L'idée à partager peut être résumée en une phrase : *"si demain tu veux faire ce qu'il te plait, fais des études maintenant !"*.

EN QUELQUES MOTS

- *Les études ne sont pas que le moyen d'acquérir une position sociale, d'accéder à un emploi.*

- *En revanche, elles élargissent le choix de son métier et de son contexte de travail et elles donnent la liberté de les remettre en cause si on le souhaite.*

ERREUR N°5 : *laisser penser qu'un diplôme donne des droits.*

Si nous souhaitons que nos enfants acquièrent une formation supérieure, si nous les y incitons, nous devons veiller à ne pas installer dans leur esprit des convictions erronées qui pourraient les démobiliser en cours d'études ou fausser leur choix professionnels.

Comme évoqué précédemment, il est important de partager avec nos ados une vision positive de ce qu'apportent les études supérieures. Cependant, il y a un piège à éviter : porter ou induire l'idée qu'un diplôme ouvre le droit à un emploi, à une position dans le monde du travail.

Si certaines formations habilitent à exercer un métier, très rares sont celles qui attribuent une "place" et, encore plus rares, celles qui garantissent des conditions satisfaisantes d'exercice de ses talents.

La communication des établissements d'enseignement - niveaux de rémunération de leurs anciens élèves, success stories, témoignages choisis - ancre dans l'esprit des étudiants que l'effort qu'ils produisent en allant décrocher leur diplôme doit être reconnu par un statut et un niveau de rémunération.

Cette croyance peut avoir plusieurs effets :

• la déception, quand les offres faites à un(e) diplômé(e) ne correspondent pas à ses attentes en termes de contenu du travail ou de salaire (pour des raisons liées à la personnalité, à la conjoncture, à l'anémie d'un secteur d'activité ou d'un bassin d'emploi, etc.) ;

- d'éventuelles difficultés d'intégration, d'adaptation à son environnement humain au travail, si l'on se surévalue, si l'on affiche sa frustration de ne pas obtenir les conditions auxquelles on croyait avoir droit, grâce à sa formation ;
- l'inhibition de l'esprit d'entreprise, de découverte, d'innovation, de la prise de risque, qui peut notamment affecter certains diplômés des meilleures écoles (pas tous, bien sûr), choisissant les sociétés les plus prestigieuses et rémunératrices, parce qu'ils voient cela comme la reconnaissance normale de leur parcours supérieur, comme un dû à ne pas perdre. L'exercice de ce "droit aux meilleures places" les écarte malheureusement d'éventuelles expériences passionnantes et créatrices de richesses, pour eux et pour la collectivité.

Ces différents symptômes, liés à la relation de cause à effet faite abusivement entre niveau de formation et situation professionnelle, montrent combien il est essentiel de partager l'importance que revêtent la personnalité, l'engagement, l'esprit d'équipe.

Avoir acquis des connaissances, avoir obtenu un diplôme validant sa capacité d'analyser, d'expliquer ou de résoudre des situations ou des problèmes complexes, élargit le choix des emplois possibles. Mais cela ne suffit pas pour être recruté là où l'on le souhaite, pour évoluer dans une organisation, pour se voir confier des responsabilités, pour avoir une vie professionnelle plaisante (heureusement d'ailleurs, car l'envie de bien faire, le courage, le leadership, permettent de démontrer toute leur qualité dans le monde du travail à des personnes qui n'ont pas pu ou voulu étudier à l'adolescence).

EN QUELQUES MOTS

- *Valorisons les études comme le moyen de choisir sa vie professionnelle, mais n'oublions pas de partager l'idée que l'engagement personnel, l'envie de bien faire, la qualité du rapport à l'autre, sont aussi importants qu'un bon diplôme pour s'accomplir dans son travail !*

ERREUR N°6 : *prodiguer avis et conseils non sollicités.*

Nous, parents, sommes animés par la volonté d'aider nos ados à faire les choix d'orientation qui s'imposent à eux : trouver ce qu'ils aimeront étudier à moyen terme, identifier très tôt ce qu'ils doivent et peuvent apprendre dès à présent pour se ménager l'accès aux formations qui les intéressent, être ouvert aux activités, aux responsabilités qu'il pourrait leur plaire d'exercer plus tard, etc.

Nous devons nous méfier des dégâts que peuvent causer notre appropriation de leurs enjeux et le partage de notre expérience, de nos connaissances, de notre opinion.

Prendre l'initiative de formuler une position parentale risque d'être vécu comme une ingérence par l'ado concerné(e), avec à la clé, quelle que soit la pertinence de l'information ou de l'aide apportées, une réaction de rejet.

Un(e) adolescent(e) qui s'émancipe de la tutelle parentale pour devenir un(e) adulte pourra interpréter, selon les cas, notre contribution comme l'expression de :

- notre faible confiance en sa capacité de comprendre le contexte et de se faire son propre jugement ;
- nos inquiétudes, nos ambitions, nos motivations (au détriment des siennes) ;
- notre volonté de continuer de gouverner sa vie ;
- etc.

Ces interprétations pourront d'ailleurs donner à l'expression de considérations peu flatteuses sur notre caractère, notre niveau de compréhension, nos traits générationnels, etc. !

Qu'avons-nous à gagner et que risquons-nous de perdre en prodiguant nos avis et conseils, qu'ils aient été sollicités ou non ?

Bien sûr, nous pouvons avoir la satisfaction d'avoir bien fait notre devoir de parents en apportant à notre enfant l'intelligence, les informations dont nous disposons... Mais si ces apports sont mal reçus, nous éprouverons davantage d'irritation, de contrariété, que de plaisir du devoir accompli !

- S'ils n'ont aucune incidence sur les choix de notre ado :
  - soit parce qu'ils sont rejetés a priori,
  - soit parce qu'ils ne sont pas très pertinents,
  - soit parce qu'ils correspondent à ce qu'il (elle) sait et pense déjà,
  c'est que nos conseils sont inutiles et de potentiels facteurs de discorde.
- S'ils sont reçus et pris en compte au point d'influencer des choix d'orientation qui devraient n'appartenir qu'à l'intéressé(e), **nous devrons ensuite co-assumer qu'adviennent de mauvais résultats universitaires ou, pire, une longue carrière vécue sans plaisir.**

Pour achever de relativiser la valeur de nos suggestions, interrogeons-nous sur ce que nous savons réellement des enseignements, des carrières qui s'offrent à nos enfants.

Le monde de l'enseignement supérieur est difficile à appréhender. Les formations les plus faibles (mais pas les moins coûteuses) ont un talent certain pour se rendre attractives ! Les réputations d'établissements reconnus, si justifiées soient-elles, ne garantissent pas l'adéquation à tous les profils, y compris de jeunes gens à fort potentiel.

Les métiers, y compris ceux que nous connaissons bien, peuvent être, selon les jugements de ceux-mêmes qui les exercent, très recommandables ou à fuir, "toujours passionnants" ou "plus ce qu'ils étaient" !

Alors, quel peut être notre apport de parents concernés et bienveillants ?

Il peut prendre deux formes :

* l'attention accordée aux réflexions de nos ados ;
* la facilitation de l'accès à de multiples sources d'informations et outils leur permettant de se construire leur propre conviction quant à leurs motivations et aux voies qui s'ouvrent à eux (elles).

En faisant l'effort de se limiter à s'enquérir de ses désirs, sans insistance, nous montrons à notre ado que ce qui nous importe est qu'il (elle) trouve une voie qui lui plaise. Nous évitons les incompréhensions, procès d'intention, et n'apportons pas de tension supplémentaire à celles que crée la nécessité de se projeter dans des études ou un métier. L'intérêt porté à sa dynamique personnelle, sans ingérence, par le simple affichage de notre disponibilité pour l'écouter est ce que nous pouvons faire de mieux pour, à la fois, le (la) responsabiliser et lui montrer notre confiance en sa capacité de s'accomplir.

Le point sur lequel nous pouvons éventuellement être facilitateurs, voire prudemment incitatifs, c'est sur la collecte d'informations, de points de vue qui doit être la plus large et diverse possible.

Affirmons clairement que nous parents ne pouvons pas être une source d'informations, d'avis éclairés, pour cause de compétence limitée, de biais affectif, de volonté de respecter les motivations personnelles de notre ado.

Cette position nous permet de **l'inviter à multiplier les contacts avec d'autres que ses parents, pour mieux décider de son avenir.** Étudiants de filières qui pourraient l'intéresser, anciens élèves, enseignants, personnes exerçant des métiers qui lui plairaient ou des professions connexes, toutes les rencontres sont utiles. Or, l'adolescence n'est pas le moment où l'on est le plus à l'aise pour aller "déranger" les gens, parler de soi, poser des questions qui montrent que l'on ne sait pas...

- **Aidons à l'identification de personnes à rencontrer, proposons de faciliter la mise en contact et rassurons quant à la bonne volonté de ces "informateurs",** à la satisfaction qu'ils éprouvent à consacrer un tout petit peu de leur temps à aider des jeunes gens en interrogation sur leur avenir.

- Rappelons que chaque avis, chaque témoignage, chaque argument est subjectif et doit être mis en perspective : qui est la personne qui le formule ? Pourquoi ces différents points de vue sont contradictoires ? Quelle valeur a le discours publicitaire porté par la brochure de cette école ? Que penser de la description que cette entreprise fait de ses emplois ?

- Et n'oublions pas de partager avec notre ado la confiance que l'on a en son discernement, en sa capacité d'identification de ce qui est bien pour lui (elle).

EN QUELQUES MOTS

- Conseiller, donner son avis de parent, si sensé soit-il, c'est potentiellement induire une rébellion ou une soumission nuisibles. Mieux vaut se tenir à l'affichage d'une attention bienveillante aux réflexions de notre ado, sans ingérence, et l'encourager à multiplier les sources d'informations autres que ses parents.

ERREUR N°7 : *oublier de parler d'argent.*

Pour leur grande majorité, les parents d'adolescent(e)s considèrent que c'est de leur responsabilité de financer la vie, et donc les études, de leurs enfants jusqu'à ce qu'ils aient des revenus assurant leur autonomie.

Selon leurs moyens :

- ce financement ne leur pose aucun problème, au point parfois qu'ils font perdre à leurs ados tout repère économique ;
- à l'opposé, faute d'argent, des parents doivent laisser leur ado financer en grande partie leur vie d'étudiant(e) ;
- entre ces extrêmes, existent toutes les situations intermédiaires qui impliquent de composer plus ou moins facilement avec tous les paramètres à prendre en compte dans les choix d'orientation.

C'est évident, les choix qui se succèdent entre le lycée et l'entrée dans la vie professionnelle comportent une dimension économique très importante.

Des paris doivent être pris, plus ou moins risqués : décider d'entrer dans le monde du travail ou d'étudier ? Faire des études courtes ou longues, dans un établissement public ou privé ? Quelle rémunération espérer à court moyen et long terme, selon l'idée que l'on se fait de l'incidence de sa formation initiale sur la valeur de son travail ?

Ces questionnements peuvent être traités avec plus ou moins de gravité selon l'aisance financière et la culture familiale. Pour certains, il peut hélas s'agir de "survie" : se loger, se nourrir, préserver sa santé physique et psychologique pour étudier en cumulant emploi alimentaire, présence en cours, travail personnel.

Quelle que soit la condition économique de la famille, il est malsain d'ignorer le sujet de l'argent.

Les parents qui ne peuvent malheureusement pas assumer le coût des études et de la vie étudiante envisagées, peuvent expliquer les limites qui s'imposent à eux. Si le dialogue débouche sur le choix par leur enfant de financer ses études par un emploi, par un prêt, ce partage préalable l'aura aidé à cerner les nécessités, les opportunités à exploiter, les difficultés à minorer et surmonter... Il est utile dans cette situation de se tourner vers les autres : s'enquérir de l'expérience d'autres parents, d'autres étudiants, de membres d'équipes pédagogiques ayant un vécu de cette problématique.

Quand la question se pose de façon moins douloureuse, elle ne nécessite pas moins de dialogue. Si nous pouvons financer la vie et les études envisagées par notre ado, il (elle) doit avoir connaissance des enjeux économiques et de l'impact des choix effectués, de l'effort fourni et à fournir par ses parents et par lui-même ou elle-même.

Pas question, bien sûr, de faire valoir un sacrifice parental culpabilisant. Au contraire, l'étudiant(e) doit percevoir que c'est avec la satisfaction de pouvoir le faire que ses parents l'accompagnent dans son projet. Mais pas question non plus de taire le sujet sous prétexte de vouloir jouer pleinement son rôle parental et épargner à son ado les préoccupations bassement matérielles !

En effet, si nous nous sentons le devoir de contribuer selon nos moyens à l'éducation et à la réussite de nos enfants, nous avons aussi la responsabilité de l'accompagner dans son évolution de l'enfance à l'adolescence, puis dans son passage à l'âge adulte.

Notre ado devra, dans un avenir plus proche que nous ne le pensons, effectuer de nombreux arbitrages à forte composante économique : choisir un métier, un employeur, devenir travailleur indépendant, créer une entreprise ; quitter le foyer parental et assumer le coût de sa vie quand se loger devient toujours plus cher ; vivre à plusieurs avec des amis ou en couple ; changer de région, s'expatrier et modifier ainsi la structure de ses coûts et de ses revenus ; effectuer des arbitrages de consommation, quand l'offre de produits et services croît de façon exponentielle, quand la pression publicitaire s'exerce sans relâche…

Traiter sereinement et efficacement les questions d'argent est une compétence à laquelle nous devons, par le dialogue, l'amener à s'intéresser… D'autant plus que, jusque-là, elle ne lui a été enseignée nulle part ailleurs.

EN QUELQUES MOTS

- *Au même titre que de laisser votre ado effectuer et assumer ses choix d'orientation, évoquer avec lui (elle) la dimension économique de ses choix, le responsabilise et le prépare à sa vie d'adulte.*

En quelques lignes

Qu'il s'agisse d'études ou d'emploi,
**ayons à l'esprit que la décision d'orientation
doit résulter d'une vraie envie** et appartient à l'intéressé(e).

Accordons une attention bienveillante à ses réflexions
et aidons-le (la) à multiplier les sources d'informations.

/

N'exigeons pas qu'il (elle) décide dès l'adolescence
de son futur métier.

Invitons-le (la) à **se concentrer sur le choix des études
qu'il (elle) aura plaisir à mener à leur terme**
et qui lui donneront le temps de se déterminer.

/

**Partageons la conviction qu'une formation supérieure
ne fournit pas un emploi, mais donne davantage
de choix et de liberté.**

Rappelons néanmoins que la personnalité et l'engagement
sont aussi importants qu'un bon diplôme
pour réussir et s'accomplir dans son travail !

/

Nous ne pouvons ignorer que les choix d'orientation ont une
dimension économique.

**Évoquons factuellement et tranquillement la question
de l'argent avec notre ado pour le (la) responsabiliser
et le (la) préparer à sa vie d'adulte.**

SECONDE PARTIE

Quelques repères (et outils)
à partager

Cette seconde partie a été rédigée en s'adressant directement à un(e) adolescent(e) pour faciliter le partage des concepts et outils proposés. Elle est évidemment proposée aux parents, dans une perspective de prescription ou de conversation documentée avec leur ado.

Dans les pages qui suivent, tu trouveras des repères, outils et quelques éclairages qui te permettront :

- d'identifier tes ressorts de motivation pour étudier : les motifs qui feront que tu te lèveras chaque matin pendant plusieurs années en restant disposé à avancer dans tes études, malgré les difficultés rencontrées ;
- de vérifier en quoi un cursus envisagé peut réellement te correspondre ;
- de réfléchir aux bonnes pratiques à adopter pour faire en sorte que les écarts inévitables entre tes attentes et les réalités de la formation choisie, entre tes ambitions et certains de tes résultats, ne remettent pas en cause ton engagement.

I - Quand on veut, on peut !

Cette formule, que tu as certainement déjà entendue, t'a fait sourire ou agacé(e). En regardant autour de nous, nous sommes malheureusement obligés de constater que la bonne volonté ne permet pas toujours de réussir, de s'élever socialement, de toucher ses rêves. Pourtant, des personnes auxquelles l'histoire de vie, l'origine sociale, un handicap physique, semblaient interdire toute ambition professionnelle, artistique ou sportive, concrétisent des réussites, des œuvres, des exploits exceptionnels. La force de la volonté, qui permet de « déplacer des montagnes », est insoupçonnable.

Au moment de faire un choix d'orientation important, tu dois :

- être convaincu(e) que tu ne pourras réaliser ou obtenir par toi-même quelque chose de précieux que si tu en as vraiment la volonté ;
- t'interroger sur la réalité, sur la vigueur de ton VOULOIR.

Les objectifs que tu te fixes correspondent-ils vraiment à ta volonté profonde ? Prends le temps d'y réfléchir. Apporte tes réponses à cette interrogation : les tiennes pas celles qu'on attend de toi.

Tes réflexions sur le QUOI (identifier les études qui te plairaient, ton ambition) passent par une compréhension du POURQUOI. Pour éviter de te tromper sur ce que tu veux, il faut identifier tes motifs, les raisons qui font ta motivation, qui maintiendront ton envie et donc ton engagement, jusqu'à la réussite. Motifs, motivation, moteur : la parenté de ces mots parle d'elle-même.

Bien sûr, depuis que tu as commencé à t'interroger sur ton orientation, tu as probablement reçu des informations sur des études qui pourraient te correspondre, au vu de :

- tes résultats précédents ;
- tes éventuels projets professionnels.

Ces éléments ne suffisent certainement pas pour identifier le type de formation qui te correspondra (par exemple, un cycle court plutôt que long, la fac ou une classe préparatoire, des enseignements théoriques ou plus pratiques, etc.).

Je te propose dans les quelques pages qui suivent :

- de découvrir rapidement **les cinq ressorts de la motivation** pour étudier (cinq courtes définitions, chacune assortie d'un exemple pour te permettre de comprendre ces besoins, ces envies **qui te tendront vers ton objectif)**,
- puis de réfléchir aux **conditions de ta réussite**, à partir de quelques questions. Tes réponses te permettront de mieux comprendre ce qui, en toi, peut tendre chacun des ressorts de ton engagement dans tes études.

Ces interrogations et réflexions te permettront d'évaluer en quoi la formation supérieure que tu envisages te correspond bien.

II - Les cinq ressorts de ta motivation.

Premier des ressorts de ta motivation pour les études : l'INTÉRÊT POUR LES CONTENUS des enseignements.

Dans l'idéal, tu aimerais probablement n'avoir à apprendre que des choses que tu trouves passionnantes, avec des profs captivants et des méthodes qui te plaisent.

Dans la réalité, aucun programme ne peut satisfaire pleinement tout le monde. Or, selon leur personnalité, les étudiant(e)s font plus ou moins d'efforts pour fournir le travail requis dans toutes les matières de leur cursus. Par exemple, Alice n'arrive à se consacrer qu'aux choses qui la passionnent et délaisse dangereusement des pans entiers du programme, alors que Myriam peut bosser dur sur des matières qui ne l'intéressent pas, motivée qu'elle est par la réussite à un concours.

Deuxième ressort : le besoin de SOCIABILITÉ.

Le goût que tu as, ou n'a pas, d'interagir avec les gens qui t'entourent est à prendre en compte avec attention dans le choix d'un cursus, puis dans la façon de travailler, d'organiser son temps, etc.

Tu as pu le constater, parmi les lycéen(ne)s ou les étudiant(e)s, tous et toutes n'ont pas la même envie de côtoyer leurs pairs, pour s'informer, s'entraider, ou parler de leur vie personnelle, se détendre. Pour certain(e)s également, pouvoir échanger avec les enseignants est indispensable, quand d'autres les fuient. Les un(e)s souffrent d'être éloigné(e)s de leur famille alors que d'autres en sont ravi(e)s !

Thomas peut facilement travailler seul, chez lui, et préfère passer du temps avec ses amis d'enfance plutôt qu'avec les étudiants de sa fac. Karim a lui besoin de savoir qu'il va rencontrer ses condisciples, à l'occasion des cours : il trouve auprès d'eux un soutien indispensable et cela fait partie, selon lui, des plaisirs de la vie étudiante.

Troisième ressort : le besoin de SÉCURITÉ.

Selon les tempéraments, on a plus ou moins besoin d'être sécurisé pour avancer sereinement dans son cursus. Certains peuvent étudier sans se laisser perturber par l'imprécision du cadre, par les incertitudes quant à l'avenir ou par l'éventualité de l'échec. D'autres sont fortement affectés par les flous qui, à leurs yeux, peuvent exister concernant l'organisation des études, les critères d'évaluation, la valeur marchande de leur diplôme... Ou par toute autre raison de s'inquiéter.

Manon peine à financer ses études, loin de sa famille, car ses parents ne peuvent pas subvenir à l'ensemble de ses besoins élémentaires : se loger, se nourrir, se soigner. Il a malheureusement suffi de quelques résultats peu satisfaisants pour la décourager et la conduire à abandonner sa formation pour prendre plus de responsabilités dans le fast-food qui l'employait à temps partiel. Clara vivait mal l'absence de garantie d'emploi à l'issue de son cursus universitaire ; elle n'avait pas conscience des apports pourtant réels de la formation choisie qu'elle trouvait trop théorique. Insécurisée, elle s'est réorientée vers une formation en alternance centrée sur un métier. Elle voit mieux l'utilité des connaissances qu'elle doit acquérir, est plus confiante en son avenir et donc plus motivée pour étudier.

Quatrième ressort : le goût des DÉFIS.

Les études se présentent comme une succession d'épreuves dont il faut sortir vainqueur. Le risque, la peur d'échouer, le soulagement ou la joie de réussir, sont autant d'émotions qui donnent du goût à ta vie. Tous et toutes tes ami(e)s lycéen(ne)s n'ont pas la même envie de se mettre (un peu) en danger, n'ont pas autant besoin, pour s'accomplir, d'une compétition permettant de s'étalonner.

Par exemple, Benjamin a toujours comparé ses notes à celles de ses copains de lycée. Il produit des efforts pour réagir suite à une contre-performance, pour maintenir son statut de "bon élève". Il est excité à l'idée d'être retenu dans un cursus très exigeant, alors que Pablo, même s'il a de réelles capacités, préfère suivre une formation moins exigeante et éviter ainsi la pression des résultats.

Cinquième ressort : l'ESTIME DE SOI.

Le besoin d'estime de soi mobilise vers la réussite. La confiance qu'elle confère, l'orgueil qu'elle peut engendrer, te feront donner le meilleur de toi-même. Un déficit d'estime de soi, s'il est temporaire (qui n'a pas connu un moment de perte de confiance en son potentiel, en ses capacités ?), peut être compensé par les autres ressorts de motivation. Mais si ce manque s'installe durablement, parce que le cadre d'études et le profil de l'étudiant sont peu compatibles, le découragement l'emporte.

Par exemple, Céline n'a pas supporté ses notes sensiblement inférieures à la moyenne pendant ses premiers mois de classe préparatoire. Elle, qui était habituée à des résultats brillants, la valorisant fortement dans sa classe et dans sa famille, a rapidement remis en cause son ambition d'excellence et opté pour une filière moins exigeante. Elle a vécu le choix de la classe préparatoire comme une erreur d'orientation. Katia, dans la même classe, a traversé sans grand dommage les mêmes accrocs à l'estime de soi, probablement parce qu'elle est moins affectée par le jugement de son entourage. Peut-être aussi avait-elle jusque-là atteint ses objectifs moins facilement et a donc été moins surprise par les difficultés rencontrées.

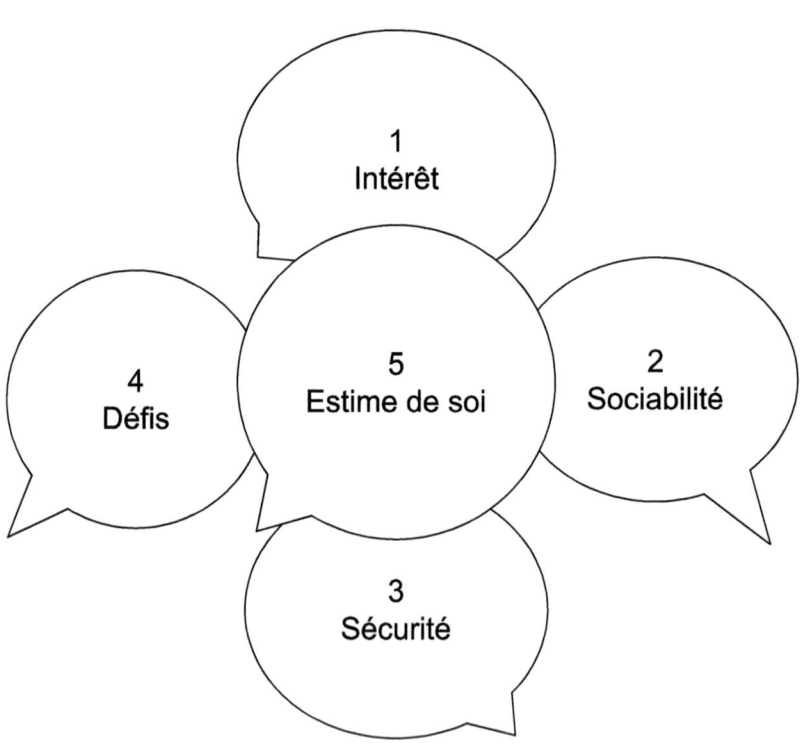

III - Une méthode pour choisir.

Comme tu l'as constaté, chaque étudiant a des motifs différents de s'investir dans dans ses apprentissages, ou de les négliger. Il est important de bien connaître les conditions de ton implication dans tes études et de les prendre en compte dans le choix d'un cursus. Les pages suivantes t'y aideront en te guidant dans une réflexion en trois temps sur chacun de tes 5 ressorts de motivation.

- Appuie-toi sur les questionnements qui te sont proposés.
- Examine les caractéristiques de la formation que tu envisages (après t'être informé(e) le mieux possible sur la réalité des enseignements, notamment auprès d'étudiants ou d'anciens étudiants) et regarde en quoi elle correspond à chacune de tes motivations.
- Un barème de points permettra d'évaluer l'adéquation de la formation envisagée à tes motivations (réponses aux questions à reporter dans les tableaux figurant en pages 78 à 80).
- Pour mieux avancer dans ta réflexion ou pour valider ton ressenti, tu peux prendre connaissance des quelques éclairages placés juste après les questions.

1/5 – ÉVALUE TON BESOIN D'INTÉRÊT POUR LES CONTENUS

TEMPS 1

Pour entrer dans le sujet, demande-toi quelle affirmation te correspond le plus, parmi les trois suivantes :

Je peux travailler et obtenir de bons résultats

- quels que soient les contenus et les méthodes d'enseignement ;
- avec plus de difficulté, quand je suis peu intéressé(e) par le sujet ;
- uniquement si l'enseignement m'intéresse vraiment.

TEMPS 2

Pour avancer dans ta réflexion, pose-toi ces quelques questions :

- Est-ce que le cursus que j'envisage m'intéressera suffisamment pour maintenir mon envie d'apprendre ?
- Quels aspects de cette formation pourraient me rebuter (matières, méthodes, etc.) ?
- Est-ce que je serai capable de dépasser mes manques d'intérêt et de fournir le travail nécessaire pour comprendre et apprendre ?

TEMPS 3

Indique quel impact sur ta motivation pour étudier peut avoir l'intérêt des contenus proposés dans ce cursus ; coche celle des 3 affirmations suivantes qui te correspond le plus :

Les contenus de la formation envisagée :

☐ *- me plaisent ; ce sont des sujets qui m'intéressent.*

Réponse A : **Probable motivation forte.**

☐ *- ne m'intéressent qu' en partie ; je pense que je pourrai faire des efforts pour étudier malgré cela.*

Réponse B : **Risque de démotivation à gérer.**

☐ *- ne me correspondent pas et il m'est difficile de travailler longtemps sans apprécier le sujet.*

Réponse C : **Probable démotivation.**

Tu peux reporter ta réponse dans le tableau 1 figurant page 81.
Tu peux également lire les quelques éclairages qui suivent avant de valider cette réponse.

TEMPS 4 : QUELQUES ÉCLAIRAGES

Il faut être très volontaire et discipliné(e) pour étudier plusieurs années des sujets pour lesquels on n'éprouve pas de curiosité, pas d'intérêt. Il est donc préférable que les études que tu comptes faire portent sur des matières qui t'attirent. Essaie de bien mesurer la proportion des contenus de formation que tu auras plaisir et facilité à étudier et le poids de ceux qui pourraient te mettre en difficulté parce qu'ils ne t'intéressent pas suffisamment. Interroge-toi sur ta capacité de travailler malgré ton manque de goût pour une discipline, pour une partie du programme.

Dans cette réflexion, il faut être lucide ; ne surestime ni ton envie ni ta capacité de travail... Mais il faut aussi faire preuve d'ouverture et de courage.

L'ouverture d'esprit est essentielle. Tu as sûrement entendu dire (ou dit toi-même) : "je ne vois pas l'intérêt d'apprendre ça !". Cette façon, assez fréquente, de formuler notre faible motivation est lourde de sens. Elle signifie bien que l'on ne perçoit pas le plaisir ou l'utilité d'acquérir des connaissances, tout simplement parce qu'on ne peut ou ne veut pas les voir ! L'appétence pour un enseignement dépend beaucoup de la façon dont nous abordons le sujet. Qui n'a pas changé radicalement d'intérêt pour une discipline, d'une année scolaire à l'autre, selon que l'enseignant(e) a rendu le programme passionnant ou insipide ? Qui n'a pas regretté, après ses études, d'avoir négligé l'apprentissage de la philosophie, des mathématiques, de la biologie ou de la géographie, après en avoir découvert l'intérêt ?

Le courage doit te permettre de supporter les efforts répétés d'apprentissages de contenus que tu trouves ingrats, rebutants, dont tu ne perçois pas l'utilité. Pourquoi ? Parce que ces efforts te préparent à t'adapter à des situations peu agréables, à affronter avec succès des problématiques nouvelles, que tu rencontreras dans ta vie professionnelle ou personnelle.

C'est pourquoi :

- Il te faut accepter, par principe, l'idée que les connaissances qui te sont proposées et que le simple fait d'apprendre sont un enrichissement (même si cela ne te saute pas aux yeux !) ;
- si cet intérêt n'est pas évident pour toi, il pourra t'être révélé par un effort de curiosité, par un événement ou par une personne qui le feront naître dans ton esprit ;
- **et surtout, si tu n'arrives pas à voir l'intérêt de ce que tu apprends, n'hésite pas à en parler à des personnes autour de toi.** Questionne tes condisciples, tes enseignants, etc., avant de perdre ta motivation d'apprendre. C'est très important !

EN QUELQUES MOTS

Oriente-toi vers des enseignements dont tu penses sincèrement que les contenus te plairont (et pas pour faire plaisir à d'autres que toi). Ce sera ton choix et donc ta responsabilité de réussir dans la voie qui te convient.

Fais donc ce qu'il te plaît, mais prépare-toi aussi :

- *à t'intéresser à des sujets qui, a priori, ne t'attirent pas, parce que tout ne te plaira pas immédiatement dans ce qui te sera proposé ;*
- *à fournir les efforts nécessaires à l'acquisition et l'utilisation de connaissances qui t'intéressent peu, si tu veux réussir tes examens ou concours... Et parce que, dans le futur, la capacité de travailler sur des sujets difficiles, que tu auras développée ainsi, te rendra plus apte à affronter la nouveauté et la difficulté.*

2/5 - ÉVALUE TON BESOIN DE SOCIABILITÉ.

TEMPS 1

Pour entrer dans le sujet, demande-toi quelle affirmation te correspond le plus, parmi les trois suivantes :

Pour me sentir bien dans mes études,

- je préfère travailler seul et j'évite de me lier avec les autres étudiants ;
- je suis plutôt indépendant(e) mais j'apprécie tout de même d'échanger avec les autres, principalement à propos des enseignements ;
- j'ai besoin de passer du temps avec d'autres étudiant(e)s pour travailler et aussi pour me détendre.

TEMPS 2

Pour avancer dans ta réflexion, pose-toi ces quelques questions :

- Est-ce que la pédagogie, l'organisation des études, les conditions de ma vie étudiante qu'implique le cursus que j'envisage répondront à mes besoins de proximité ou de distance avec mon entourage ?
- D'éventuels changements dans mes relations avec ma famille, mes ami(e)s peuvent-ils m'affecter (en mal ou en bien) ? Comment puis-je m'adapter à ce nouveau contexte ?
- Quels risques d'insatisfaction ou quelles opportunités d'épanouissement puis-je identifier ? Pourquoi ?

TEMPS 3

Indique quel impact aura la sociabilité sur ta motivation pour étudier. Coche celle des 3 affirmations suivantes qui te correspond le plus :

Le niveau et la nature de la sociabilité que j'aurai dans la vie étudiante envisagée :

☐ *- me conviendront certainement.*

Réponse A : **Probable motivation forte.**

☐ *- ne me satisferont pas totalement, mais je pense m'adapter.*

Réponse B : **Risque de démotivation à gérer.**

☐ *- ne me correspondent pas ; je vois de probables insatisfactions qui pourraient m'affecter.*

Réponse C : **Probable démotivation.**

Tu peux reporter ta réponse dans le tableau 2 figurant page 82.
Tu peux également lire les quelques éclairages qui suivent avant de valider cette réponse.

TEMPS 4 : QUELQUES ÉCLAIRAGES

T'engager dans des études supérieures va probablement renouveler ton cadre relationnel.

Ce changement va t'enrichir. Tu vas rencontrer des personnes ayant des centres d'intérêt proches des tiens, désireux comme toi de se construire un avenir souriant.

Dans le même temps, tu risques de perdre une part plus ou moins importante de l'environnement humain auquel tu es habitué(e) : tes ami(e)s de lycée ou d'enfance, ta famille que tu verras moins souvent, notamment si tes études t'éloignent du lieu où tu as grandi.

Prépare-toi à saisir les opportunités relationnelles, à assumer les risques de voir des liens se distendre, à évoluer dans un nouvel environnement humain.

Réfléchis, par exemple, à la façon dont tu vivras l'anonymat et le relatif isolement à la fac, si différente de ton lycée ; pense à ce que peut susciter en toi vie sur le campus de ta future école de commerce, etc.

Bien évidemment, tout cela dépend de ta personnalité, de tes besoins de sociabilité et de ta capacité de faire vivre des relations correspondant à tes attentes.

Cependant, quelle que soit ta sensibilité, aie conscience de l'aide considérable que tu peux trouver dans ta relation avec tes condisciples. Ce seront les personnes qui comprendront le mieux ce que tu ressentiras parce qu'elles vivront les mêmes choses que toi...

Bien sûr, partager le même vécu ne garantit pas la pertinence des avis ou conseils que tu pourras trouver auprès de tes camarades de promotion. Beaucoup manqueront de recul, comme toi, mais en multipliant les points de vue tu pourras regarder différemment les situations que tu vis pour mieux les gérer.

De plus, comme chacun connaît des hauts et des bas à des moments différents, tu pourras, selon les circonstances, trouver auprès d'eux (ou leur apporter) la force de surmonter des difficultés passagères, de rester motivé(e) pour étudier.

Dans tous les cas, considère tes condisciples comme des références. Observe-les et analyse leurs choix, leurs comportements :

- identifie ce qu'ils font le mieux et inspire-toi de leurs pratiques, de leur état d'esprit ;
- regarde leurs travers, leurs erreurs et prends-les comme des exemples à ne pas suivre.

Pour que la sociabilité que tu vas trouver dans ton cadre de formation soit à la fois plaisante et facteur de réussite, assure-toi que les personnes avec lesquelles tu as le plus de proximité ont bien les mêmes objectifs que toi.

Si elles ont la même envie, la même ambition que toi, les côtoyer te sera bénéfique.

Si, pour diverses raisons, elles n'accordent pas autant de valeur que toi aux études, alors évite de partager leur fonctionnement, ne t'inscris pas dans leur dynamique.

EN QUELQUES MOTS

Garde bien à l'esprit que :

- l'intelligence du groupe d'étudiants que tu fréquentes peut t'aider à tirer le meilleur parti de tes capacités ;
- l'influence, négative ou positive, que les autres pourraient avoir sur toi, dépend beaucoup de tes choix.

3/5 – ÉVALUE TON BESOIN DE SÉCURITÉ.

TEMPS 1

Pour entrer dans le sujet, demande-toi quelle affirmation te correspond le plus, parmi les trois suivantes :

Dans mes études,

- je peux me concentrer sur l'acquisition de nouvelles connaissances sans me préoccuper du contexte ;
- je dois comprendre le fonctionnement de ma formation et identifier ce qu'elle m'apporte ;
- je dois avoir la certitude que mon diplôme me donnera accès à un emploi qui me satisfera.

TEMPS 2

Pour avancer dans ta réflexion, pose-toi ces quelques questions :

- Est-ce-que les caractéristiques du cursus que j'envisage me rassurent ou y a-t-il des points qui m'inquiètent ?
- Quelles réponses dois-je obtenir pour calmer mes éventuelles inquiétudes ?
- Si j'ai des inquiétudes, portent-elles sur les enseignements et mes apprentissages, sur la vie étudiante, ou plutôt sur les débouchés professionnels de cette formation ?

TEMPS 3

Indique quel impact aura sur ta motivation pour tes études, la sécurité (ou l'insécurité) que tu ressens concernant ce cursus et ta future vie étudiante ; coche celle des 3 affirmations suivantes qui te correspond le plus :

La formation et la vie étudiante envisagées :

☐ *- ne m'inquiètent en rien ; j'ai avant tout envie d'apprendre et j'ai confiance en moi.*

Réponse A : **Probable motivation forte.**

☐ *- me conviendront probablement ; je pourrai dépasser mes quelques inquiétudes quant à ce cursus.*

Réponse B : **Risque de démotivation à gérer.**

☐ *- m'inquiètent ou me dérangent et je pourrais mal vivre ce cursus.*

Réponse C : **Probable démotivation.**

Tu peux reporter ta réponse dans le tableau 3 figurant page 82. Tu peux également lire les quelques éclairages qui suivent avant de valider cette réponse.

TEMPS 4 : QUELQUES ÉCLAIRAGES

Selon ton histoire, ton tempérament, tu as plus ou moins besoin de sécurité pour avancer efficacement dans des études qui mobilisent ton intelligence et demandent de la concentration. Des inquiétudes (autres que celles de ne pas avoir assez travaillé) peuvent te handicaper dans ta progression. Il est donc important de savoir les gérer :

- en ne t'inventant pas des craintes, des enjeux superflus ou des besoins artificiels ;
- en évitant de te mettre dans des conditions affectant réellement ta sécurité, menaçant ta santé physique et mentale ;
- et bien sûr, en acceptant les risques qui font simplement partie de la vie et de tout projet.

Tu dois placer tes apprentissages dans des conditions qui garantissent ton équilibre physique et psychologique. Ni la pression du résultat, ni les enjeux d'image associés, ni une vie étudiante trop éprouvante (résultant de tes choix ou des faibles moyens dont tu disposes) ne doivent te mettre en danger.

Concernant la pression du résultat, la valeur de ton diplôme ou la situation professionnelle que tu pourras atteindre après ta formation supérieure, tu dois avoir à l'esprit que :

- la valeur, la qualité d'une personne ne tiennent pas à un diplôme plus ou moins prestigieux, à un classement, à quelques notes;
- dans le monde du travail, telle ou telle formation cotée te fera gagner un peu de temps pour accéder à une position satisfaisante, mais, dans la durée, tu réussiras et tu t'accompliras grâce à ta personnalité, à ton engagement,

à la façon dont tu t'approprieras les enjeux de ton entreprise, de ton équipe... Et grâce à ta capacité d'apprendre et de t'adapter.

Plutôt donc que d'être insécurisé(e), voire déstabilisé(e) par des doutes quant au prestige de ta formation ou quant à ses débouchés :

- étudie sérieusement dans un cursus qui te plaira ;
- construis de cette façon une solide confiance en toi ;
- et convaincs-toi que, par la suite, ton esprit d'initiative et ton sens des responsabilités seront tes meilleurs atouts pour créer ton propre chemin vers une activité professionnelle à ta mesure.

Pour ce qui tient aux conditions matérielles de ta vie étudiante, il est important de bien situer les limites au-delà desquelles tu ne dois pas aller. Le coût de tes études - de ta formation elle-même ou de la vie quotidienne qu'elle implique - peut peser au point de te mettre en échec, voire de te faire abandonner. Les interrogations obsédantes quant à la rentabilité de ton investissement, la fatigue résultant de la précarité, peuvent conduire à l'abandon et au sentiment de gâchis qui l'accompagne.

En n'hésitant pas à te faire aider si tu le peux, prends le temps :

- de bien évaluer les difficultés économiques que tu peux rencontrer et leurs conséquences sur ta motivation à étudier ;
- de trouver le moyen de les minorer ;

- et, peut-être, de choisir un parcours moins risqué, plus en adéquation avec ce que tu peux raisonnablement supporter.

EN QUELQUES MOTS

- *Ne laisse pas les inquiétudes quant à la valeur de ta formation, l'absence de réponses à tes questions sur la façon dont s'articulent tes enseignements et ta future vie professionnelle, te détourner de ce qui doit être ton objectif premier : apprendre.*

- *Si le coût de ta formation ou de ta vie étudiante risque de te mettre en échec, n'hésite pas à faire appel aux autres. Il est important de savoir faire part de ses difficultés matérielles ; on peut trouver autour de soi des conseils utiles, des aides, des solidarités inespérées, qui permettent de continuer d'avancer dans la voie choisie ou d'emprunter un autre chemin, plus soutenable.*

4/5 - ÉVALUE TON BESOIN DE DÉFIS.

TEMPS 1

Pour entrer dans le sujet, demande-toi quelle affirmation te correspond le plus, parmi les trois suivantes :

Je pense :

- qu'on devrait pouvoir étudier par intérêt pour un sujet, sans avoir à se préoccuper de notes ;
- qu'il est serait suffisant d'évaluer, de façon simple et rapide, que j'ai bien compris ce que j'apprends ;
- que mes études doivent offrir des défis, des opportunités de donner le meilleur de moi-même, même s'il y a un risque d'échec.

TEMPS 2

Pour avancer dans ta réflexion, pose-toi ces quelques questions :

- Est-ce que le cursus que j'envisage me stimulera par sa difficulté et me permettra de donner le meilleur de moi-même ?
- Suis-je déterminé(e) ou non à réduire le temps que j'aime consacrer à mes ami(e)s, à mes loisirs, pour me concentrer sur les défis que proposera cette formation ?
- A quelle niveau faut-il que je place mes objectifs pour ressentir un réel plaisir d'avoir réussi ?

TEMPS 3

Indique quel impact aura, selon toi, le niveau des défis proposés dans ce cursus sur ta motivation pour étudier ; coche celle des 3 affirmations suivantes qui te correspond le plus :

Les défis proposés par la formation que j'envisage :

☐ *- me stimuleront et me pousseront à tirer le meilleur parti de mes capacités.*

Réponse A : **Probable motivation forte.**

☐ *- me conviennent même si certains aspects de ce cursus me semblent peut-être trop exigeants (ou pas assez), ce qui pourrait me démobiliser.*

Réponse B : **Risque de démotivation à gérer.**

☐ *- sont d'un niveau trop élevé (ou d'un niveau insuffisant) pour maintenir ma détermination à travailler, à apprendre.*

Réponse C : **Probable démotivation.**

Tu peux reporter ta réponse dans le tableau 4 figurant page 83.
Tu peux également lire les quelques éclairages qui suivent avant de valider cette réponse.

TEMPS 4 : QUELQUES ÉCLAIRAGES

Trouver la formation qui offre les défis correspondant parfaitement à tes capacités n'est pas chose facile.

- Est-ce que tu seras à la hauteur des difficultés rencontrées dans un cursus très sélectif ?
- Choisir une formation apparemment moins exigeante, n'est-ce pas gâcher ton potentiel ?

Pèse bien les termes du choix qui se présente. Quelle que soit l'option retenue, tu ne pourras l'assumer pleinement que si tu en as décidé par toi-même. Tu devras affronter les défis élevés que tu t'es lancés, ou bien tu auras à composer avec le sentiment de te dévaloriser pour avoir choisi un cursus sans réelle difficulté.

Si cette évaluation de ce qui est possible et souhaitable n'appartient qu'à toi, tu dois cependant prendre en compte les limites de la connaissance que tu as de tes capacités, de ton potentiel. Bien que tu sois jeune, tu t'es probablement engagé(e) dans des épreuves que tu ne te sentais pas prêt(e) à affronter. Une enseignante, un entraîneur de ton club sportif, un(e) ami(e), un parent, t'a poussé(e), peut-être même quasiment forcé(e) à faire quelque chose dont tu ne croyais pas capable... Et tu as réussi, tu as relevé le défi à ton propre étonnement. Tu en as tiré satisfaction et fierté. Pourquoi ? Parce que, de cette façon, tu as découvert une dimension supplémentaire de toi, tu as pris conscience que tu étais plus "grand(e)" que tu l'imaginais. Ta personne réelle, dont tu ignorais l'existence, s'est affirmée, s'est montrée plus grande que la perception que tu avais de toi : tu t'es réalisé(e) !

EN QUELQUES MOTS

- Choisis une formation qui, au prix d'efforts, de difficultés que tu affronteras, te permettra de te réaliser, de grandir, plutôt que de rester dans ta zone de confort qui te limite à ce que tu crois être.

- Ce court éclairage te sera utile (pour tes choix immédiats et dans d'autres circonstances futures). Prends bien le temps d'y réfléchir, de découvrir ce qu'il peut signifier pour toi.

5/5 – ÉVALUE TON BESOIN D'ESTIME DE SOI.

TEMPS 1

Pour entrer dans le sujet, demande-toi quelle affirmation te correspond le plus, parmi les trois suivantes :

Dans mes études,

- une bonne ou une mauvaise appréciation n'affecte pas ma motivation pour mon travail ;
- il est important pour moi qu'on s'intéresse à mon travail ;
- j'ai besoin d'être fier de mes résultats.

TEMPS 2

Pour avancer dans ta réflexion, demande-toi si tu préfères :

- t'engager dans des études très exigeantes et valorisantes, en risquant et assumant un éventuel échec ;
- réussir sans grandes difficultés des études peu sélectives, mais peu valorisantes à tes propres yeux.

TEMPS 3

Indique quel impact aura, selon toi, ton besoin d'estime de soi dans ce cursus sur ta motivation pour étudier ; coche celle des 3 affirmations suivantes qui te correspond le plus :

Les études que j'envisage :

☐ *- m'apporteront une estime de moi-même à la hauteur de mes attentes, car elles correspondent à l'idée que je me fais de ma réussite.*

Réponse A : **Probable motivation forte.**

☐ *- me satisferont qu'en partie mes ambitions.*

Réponse B : **Risque de démotivation à gérer.**

☐ *- risquent de me laisser insatisfait (parce que j'aurai réussi un cursus peu valorisant, ou bien parce que je ne me remettrai pas d'avoir échoué à atteindre un objectif ambitieux).*

Réponse C : **Probable démotivation.**

Tu peux reporter ta réponse dans le tableau 5 figurant page 83. Tu peux également lire les quelques éclairages qui suivent avant de valider cette réponse.

TEMPS 4 : QUELQUES ÉCLAIRAGES

Entreprendre des études et persévérer dans ces apprentissages jusqu'à l'obtention du diplôme que tu convoites te demandera un minimum d'estime de toi. La confiance en ce que tu es, dans ce que tu fais, est nécessaire pour maintenir ta volonté de travailler. Elle peut être ébranlée par des résultats médiocres, exceptionnels ou récurrents, par des relations difficiles avec tes condisciples ou ta famille, par des interrogations quant à l'intérêt, à l'utilité de ce qu'on t'enseigne ou quant à la solidité de ta vocation, par des doutes sur la possibilité de trouver un emploi à la hauteur de l'investissement que tu fais en étudiant, etc.

La pression culturelle conduit naturellement à lier estime de soi et prestige de l'établissement fréquenté, résultats aux contrôles, examens et concours. Il est difficile d'échapper à cette logique. Cependant, l'image véhiculée par les cursus d'enseignement, par les métiers auxquels ils permettent d'accéder, ne peut être le seul déterminant de ta motivation pour tes études. Étudier ce qui t'intéresse, quels que soient les jugements de valeur portés sur ton choix, est pertinent, courageux et te rendra heureux et fier de toi, si tu donnes le meilleur de toi-même.

Néanmoins, tu te poseras certainement des questions sur ta capacité à gérer l'enjeu des résultats. Avant de te décider, tu oscilleras plus ou moins longtemps entre :

- des objectifs élevés (niveau des études et prestige, renforçant l'estime de soi), avec le risque d'échouer ;
- des objectifs que tu sais assez faciles à atteindre, avec des résultats rassurants tout au long de ton cursus, mais pour un moindre bénéfice en termes d'estime de soi.

Bien sûr, toi seul peut évaluer le niveau et la nature de tes besoins de valorisation et toi seul peut cerner ta capacité à surmonter les possibles insatisfactions, quelle que soit l'option retenue.

Face à ce choix entre difficulté et prise de risque valorisantes d'une part et, d'autre part, facilité et sécurité, moins gratifiantes, aies à l'esprit que :

- si tu es admis dans une formation réputée parce que très sélective, c'est que l'on considère que tu pourras réussir en fournissant le travail attendu ; n'hésite donc pas pas à t'engager résolument dans cette direction ;
- si malgré tes efforts, tu ne mènes pas à leur terme les études ambitieuses et difficiles que tu auras initialement choisies, tu réussiras très certainement en poursuivant dans une autre voie, parce que l'expérience exigeante que tu auras vécue t'aura armé(e) pour exceller dans une formation te convenant davantage ;
- si tu as opté pour un cursus moins sélectif, ne te contente pas d'atteindre le niveau requis ; fais tout pour exceller, tu renforceras ta confiance en ton potentiel et pourras ensuite hausser le niveau de tes ambitions et te valoriser, dans un autre cycle d'études ou dans ta vie professionnelle.

EN QUELQUES MOTS

- L'estime de soi est la source de motivation essentielle pour étudier. Elle résulte d'ailleurs de la tension de tes autres ressorts : l'intérêt de tes études, la relation avec ceux qui t'entourent, le besoin de sécurité et, paradoxalement, de défis.

- Elle crée en toi la confiance te permettant d'aller vers l'inconnu et les éventuelles difficultés. Elle est aussi la récompense de tes réussites.

Comment utiliser tes réponses ?

1. Si tu ne l'as pas encore fait, reporte dans les tableaux 1 à 5, qui figurent sur les pages suivantes, les réponses que tu as cochées dans le questionnaire précédant.
2. Tu renseigneras ensuite les 3 lignes du tableau 6 de chiffrage des points et nombres de réponses B et C.
3. Tu pourras alors interpréter ces résultats et obtenir une indication sur l'adéquation de la formation envisagée à tes motivations.
4. Pour t'aider, si nécessaire, l'exemple de Benjamin illustre la méthode.

TABLEAU 1

Entoure l'affirmation retenue	Affirmations concernant le ressort de motivation **INTÉRÊT**	Entoure le nombre de points
A	Les contenus de la formation envisagée me plaisent ; ce sont des sujets qui m'intéressent.	4
B	Les contenus de la formation envisagée ne m'intéressent qu'en partie ; je pense que je pourrai faire des efforts pour étudier malgré cela.	2
C	Les contenus de la formation envisagée ne me correspondent pas et il m'est difficile de travailler longtemps sans apprécier le sujet.	0

TABLEAU 2

Entoure l'affirmation retenue	Affirmations concernant le ressort de motivation **SOCIABILITÉ**	Entoure le nombre de points
A	Le niveau et la nature de la sociabilité que j'aurai dans la vie étudiante envisagée me conviendront certainement.	4
B	Le niveau et la nature de la sociabilité ne me satisferont pas totalement, mais je pense m'adapter.	2
C	Le niveau et la nature de la sociabilité ne me correspondent pas ; je vois de probables insatisfactions qui pourraient m'affecter.	0

TABLEAU 3

Entoure l'affirmation retenue	Affirmations concernant le ressort de motivation **SÉCURITÉ**	Entoure le nombre de points
A	La formation et la vie étudiante envisagées ne m'inquiètent en rien ; j'ai avant tout envie d'apprendre et j'ai confiance en moi.	4
B	La formation et la vie étudiante me conviendront probablement ; je pourrai dépasser mes quelques inquiétudes quant à ce cursus.	2
C	La formation et la vie étudiante m'inquiètent ou me dérangent et je pourrais mal vivre ce cursus.	0

TABLEAU 4

Entoure l'affirmation retenue	Affirmations concernant le ressort de motivation **DÉFIS**	Entoure le nombre de points
A	Les défis proposés par la formation que j'envisage me stimuleront et me pousseront à tirer le meilleur parti de mes capacités.	4
B	Les défis proposés me conviennent même si certains aspects de ce cursus me semblent peut-être trop exigeants (ou pas assez).	2
C	Les défis proposés sont d'un niveau trop élevé (ou insuffisant) pour maintenir ma détermination à travailler, à apprendre.	0

TABLEAU 5

Entoure l'affirmation retenue	Affirmations concernant le ressort de motivation **ESTIME DE SOI**	Entoure le nombre de points
A	Les études que j'envisage m'apporteront une estime de moi-même à la hauteur de mes attentes, car elles correspondent à l'idée que je me fais de ma réussite.	4
B	Les études que j'envisage ne satisferont qu'en partie mes ambitions.	2
C	Ces études risquent de me laisser insatisfait(e)	0

TABLEAU 6

Total de points et nombres de réponses B et C

indique ci-contre le total des points cerclés >	
indique ci-contre le nombre de réponses B >	
indique ci-contre le nombre de réponses C >	

Un premier regard statistique sur ces résultats peut t'aider à réfléchir à tes choix

1. Si le total de tes points est de 20/20

La formation et la vie étudiante que tu envisages correspondent bien à tes motivations.

2. Si le total de tes points est de 18/20

Avec 4 réponses A et une réponse B, tu n'as à te soucier que d'un seul risque de démotivation. Tu peux t'engager dans le cursus envisagé en prenant des dispositions pour réduire ce risque dont tu as conscience.

3. Si le total de tes points est de 16/20

- **Avec 3 réponses A et 2 réponses B** tu auras à gérer deux risques de motivation ;
- **avec 4 réponses A et une réponse C**, un facteur de démotivation peut à lui seul te déstabiliser.

Si tu t'engages dans le cursus, ce qui reste envisageable, il te faut préalablement bien comprendre les raisons d'un possible découragement et définir clairement le moyen de faire face aux risques identifiés.

4. Si le total de tes points est inférieur ou égal à 14/20,

- **Avec 3 réponses B ou plus**, tu auras trop de risques de démotivation à gérer ;
- **avec 2 réponses C ou plus**, la probabilité de démotivation est trop forte.

Dans les deux cas, tu peux considérer que la formation et la vie étudiante envisagées ne te conviendront pas et que tu dois probablement examiner d'autres cursus correspondant davantage à tes motivations.

L'exemple de Benjamin

Examinons le cas, assez typique, de Benjamin qui s'interroge, avec ses parents, sur le choix entre une prépa Math sup et une fac de sciences.

Les réponses au premier questionnaire prenant en compte **l'hypothèse de la fac de sciences** sont les suivantes :

INTÉRÊT POUR LES CONTENUS

> Réponse A : *"Les contenus de la formation envisagée me plaisent ; ce sont des sujets qui m'intéressent."* - 4 points.

SOCIABILITÉ

> Réponse B : *"Le niveau et la nature de la sociabilité ne me satisferont pas totalement, mais je pense m'adapter."* - 2 points.

SÉCURITÉ

> Réponse B : *"La formation et la vie étudiante envisagées me conviendront probablement ; je pourrai dépasser mes quelques inquiétudes quant à ce cursus."* - 2 points.

DÉFIS

> Réponse B : *"Les défis proposés me conviennent même si certains aspects de ce cursus me semblent peut-être trop exigeants (ou pas assez)."* - 2 points.

ESTIME DE SOI

> Réponse B : "Les études que j'envisage ne satisferont qu'en partie mes ambitions." - 2 points.

Le total de points est 12/20

Avec **4 réponses B et une réponse A**, Benjamin a identifié trop de freins potentiels à sa motivation. Certes, il pense qu'il pourrait, en choisissant les options qui lui plaisent, étudier des sujets qui le passionnent (davantage qu'en classe préparatoire). Cependant, il craint un peu de ne pas être satisfait par la vie étudiante qui risque d'être différente de ce qu'il a connu et apprécié dans ses années de lycée. De plus, il attribue, à tort ou à raison, davantage de valeur d'image aux classes préparatoires et grandes écoles d'ingénieurs qu'aux études universitaires, qu'il connaît mal.

Si rien ne permet d'affirmer qu'il ne pourrait pas effectuer de brillantes études universitaires, on peut constater qu'il n'est pas, à ce moment de sa vie, dans les meilleures dispositions pour s'investir dans cette voie.

En revanche, ses ressentis face à **l'hypothèse de la classe préparatoire** sont les suivants :

INTÉRÊT POUR LES CONTENUS

Réponse B : *"les contenus de la formation envisagée ne m'intéressent qu'en partie ; je pense que je pourrai faire des efforts pour étudier malgré cela."* - 2 points.

SOCIABILITÉ

Réponse A : *"le niveau et la nature de la sociabilité que j'aurai dans la vie étudiante envisagée me conviendront certainement."* - 4 points.

SÉCURITÉ

Réponse A : "la formation et la vie étudiante envisagées ne m'inquiètent en rien ; j'ai avant tout envie d'apprendre et j'ai confiance en moi." - 4 points.

DÉFIS

Réponse A : "les défis proposés par la formation que j'envisage me stimuleront et me pousseront à tirer le meilleur parti de mes capacités." - 4 points.

ESTIME DE SOI

Réponse A : "les études que j'envisage m'apporteront une estime de moi-même à la hauteur de mes attentes, car elles correspondent à l'idée que je me fais de ma réussite." - 4 points.

Le total de points est 18/20

Avec 4 réponses A et une réponse B, Benjamin n'a à se soucier d'un seul risque pour sa motivation : le faible intérêt qu'il peut éprouver pour certaines matières.

Ce risque est connu de lui et il sait qu'il pourra le gérer. Il a jusque-là obtenu d'excellents résultats, y compris dans des matières qui ne le passionnaient pas. Son goût pour les défis et son besoin d'estime soi, le pousseront à tout faire pour obtenir des résultats probants dans un cursus qu'il juge prestigieux. Son besoin de sociabilité sera certainement satisfait dans "l'intimité" de la classe de math sup du lycée, davantage que dans le cadre beaucoup plus large de l'université.

Il peut s'engager dans le cursus de classe préparatoire scientifique.

EN QUELQUES MOTS

L'exercice consistant à répondre au questionnaire proposé vise principalement à t'amener à **réfléchir sérieusement à tes motivations pour les études.**

Cette réflexion méthodique doit te permettre d'identifier précisément les attraits de la formation et de la vie étudiante que tu envisages, mais aussi les potentielles insatisfactions qui pourraient peser sur tes apprentissages.

Tu pourras ainsi, en connaissance de cause :

- t'engager résolument, en prenant en compte, si nécessaire, les points de vigilance à garder à l'esprit et les dispositions à mettre en place pour les risque de démotivation identifiés,

ou bien

- reconsidérer ton projet pour trouver un cursus correspondant davantage à ta personnalité.

IV - Les clés de ta réussite.

Faire le bon choix d'orientation n'est pas une simple décision de consommateur. L'enjeu est d'importance : il se concrétise par plusieurs années d'acquisitions de connaissances qui devront être validées, de travail qu'il faudra fournir.

Tu as examiné avec méthode tes motifs, les ressorts qui t'animent, vérifié qu'ils sont authentiques et puissants, que la formation que tu envisages leur correspond.

Tu as décidé du **QUOI** (ton ambition, le cursus que tu veux suivre) en t'assurant de la solidité du **POURQUOI** (tes motivations). Il te reste à réfléchir au **COMMENT** et te construire quelques repères pour avancer au mieux vers ton but.

LE VOULOIR

Le premier et principal ingrédient du **COMMENT,** ce seront **les valeurs** dont tu feras preuve, qui te mèneront à la réussite.

Qu'est-ce-que des valeurs ? Tout simplement les choses auxquelles tu accordes réellement de l'importance, de la valeur :

- parce qu'elles te plaisent, correspondent à ce qui te semble bon pour toi ;
- parce qu'elles mettent tes actes au niveau des exigences de ton projet.

On a tous une idée de ce à quoi il faut accorder de la valeur pour mettre toutes les chances de son côté quand on étudie :

- la concentration, le sérieux dans les apprentissages,

- la constance dans l'effort, la ténacité,
- le respect du cadre d'enseignement,
- l'ouverture d'esprit, la curiosité,
- et d'autres valeurs encore, dont certaines te sont peut-être plus spécifiques.

Évidemment, tu ne vas pas en permanence te référer à tes valeurs. Tu vas les mettre en œuvre sans y penser. Il est même probable qu'elles se rappellent à toi quand tu t'en éloigneras, davantage que quand tu leur seras fidèle. Ce rappel prendra la forme d'une gêne que tu ressentiras sans trop la comprendre, un petit malaise provenant de la place prise par une de tes valeurs qui t'aura fait en négliger une autre. Tu accordes, par exemple, de l'importance à l'amitié. Or, si tu fais trop souvent la fête avec tes amis, alors que tu devrais travailler, ta valeur "amitié" peut entrer en tension avec la valeur "travail", dont tu sais bien qu'elle est primordiale pour atteindre tes objectifs.

Un système de valeurs est inévitablement affecté par des tensions. Il faut les percevoir et les gérer pour empêcher que les valeurs qui t'éloignent de ton ambition prennent le dessus durablement, si plaisantes et si louables soient-elles.

En t'appuyant fermement sur les valeurs dont tu sais qu'elles te feront réussir, tu mettras en accord ton VOULOIR, ton action et tes ambitions.

LE SAVOIR

Cependant, si la force de ton VOULOIR est vitale pour ton projet, ton travail aura d'autant plus d'impact et d'efficacité, que tu mettras en œuvre du **SAVOIR**, plus précisément **un**

savoir-apprendre. En effet, pour réellement acquérir des connaissances - pour les mémoriser et les utiliser durablement - il te faut ajouter à ton envie, à ton énergie, une compétence, **des méthodes** pour apprendre.

Il t'est certainement déjà arrivé de passer beaucoup de temps à tenter d'apprendre une leçon avec un résultat médiocre, sans rapport avec l'effort fourni. Les causes de cette inefficacité peuvent être variées, mais il est probable que la façon dont tu as essayé d'apprendre n'a pas été pas la bonne : conditions ou méthode inadaptées, fatigue, autres préoccupations, ont perturbé tes acquisitions.

Si tu veux atteindre tes objectifs en utilisant au mieux ton énergie, il te faut consolider ta compétence d'apprentissage. Il est utile pour cela de t'intéresser à la façon dont les autres apprennent afin de trouver d'éventuels axes de progrès dans tes pratiques.

Ce que tu dois avoir à l'esprit :

1. **Il faut absolument comprendre avant d'apprendre** : avoir saisi le sens et l'usage que l'on peut faire des connaissances que tu découvres. Si tu essaies d'enregistrer des informations que tu n'as pas comprises, tu perds ton temps. Tu le perds maintenant et beaucoup plus encore demain, lorsque tu essaieras d'empiler d'autres connaissances sur les notions aujourd'hui incomprises.

2. Puise dans ton expérience et identifie, les méthodes, les conditions qui t'ont le mieux convenu et celles qui te desservent. Chacun a ses propres préférences, ses techniques : apprendre seul ou avec quelqu'un, écrire et

réécrire, expliquer à haute voix comme si l'on enseignait à un autre, utiliser immédiatement les connaissances en multipliant les exemples, les exercices, réviser à plusieurs reprises, etc. **Fais-toi une idée précise des façons dont tu apprends efficacement et adopte-les systématiquement** (et donc élimine celles qui ne te réussissent pas), cela te fera gagner beaucoup de temps et de sérénité.

3. Pour consolider tes compétences d'apprentissage, tu peux t'intéresser aux habitudes de tes condisciples mais aussi, **chercher sur Internet "comment bien apprendre ?". Tu trouveras certainement des conseils très utiles, des pratiques qui pourront te convenir, à essayer et adopter.**

LE DEVOIR

Ton VOULOIR et ton SAVOIR (ton savoir-apprendre) te permettront d'avancer à grands pas vers la réussite de ton projet. Mais, pour sécuriser ton parcours tu te feras un **DEVOIR** de respecter **des règles.**

Tu aimerais probablement t'affranchir de règles mais ce n'est ni possible, ni souhaitable. Elles sont, en commençant par celles qui régissent l'enseignement supérieur (concernant par exemple l'assiduité, la validation des acquis, etc.) destinées à favoriser ta progression, à prévenir de risques, de menaces de ton environnement ou à te protéger contre toi-même. C'est faire preuve d'intelligence que de se conformer à ce cadre qui t'est fourni.

Des règles, tu en définiras aussi toi-même quelques-unes et tu te les imposeras ! Elles fixeront une conduite à tenir quoi qu'il arrive. L'obligation de les respecter (pas question de les contourner) te maintiendra sur la voie que tu sais devoir suivre pour réussir, malgré l'imprévu et les moments de faiblesse.

Quelles pourront-elles être ? **Elles te seront inspirées par des principes connus de tous et par ta connaissance de certains de tes petits défauts, dont tu te méfies !** Elles concerneront ton mode de vie (par exemple, ton sommeil, ton alimentation, ta pratique d'une activité physique, tes loisirs, ta vie sentimentale, etc), les conditions dans lesquelles tu travailles : l'organisation de tes temps d'apprentissage, ta (dé)connexion aux réseaux sociaux, etc.

Le respect de ces règles te fera adopter les bons comportements, automatiquement : pas de questions à se poser, d'arbitrages à effectuer, de bonnes pratiques à retrouver... C'est ainsi que tu te ménageras de la disponibilité intellectuelle et te mettras en sécurité pour avancer vers ton but.

VOULOIR
APPRENDRE

Les **VALEURS** qui te donnent envie de réussir

DEVOIR
APPRENDRE

SAVOIR
APPRENDRE

Les **RÈGLES** que tu as choisies et qui te font garder le cap que tu t'es fixé

Les **MÉTHODES** qui te réussissent et qui te permettent de progresser